1:

—¿Sabes cuánto pago de alquiler por la frutería?

—No, ¿cuánto?

—PIMIENTOS EUROS.

2:

—Niño, sal del coche y mira si funciona el intermitente.

—Ahora sí, ahora no, ahora sí, ahora no, ahora sí, ahora no…

3:

—Oye, ¿sabes cómo se llaman los habitantes de Barcelona?

—Hombre, pues todos no.

4:

—¿Dónde vas, Antonio?

—A por estiércol para las fresas.

—¿Pero por qué no te las comes con nata, como todo el mundo?

5:

—Doctor, tengo todo el cuerpo cubierto de pelo. ¿Qué padezco?

—Padece uzté un ozito.

6:

¿Qué le dice la foca a su madre?

I love you, mother foca.

7:

—Hombre, Juan, cuánto tiempo. ¿Dónde vives ahora?

—En Leganés.

—Qué bien, donde el monstruo.

8:

El otro día tu mujer me contó un chiste tan bueno que de la risa me caí de la cama.

9:

—Buenas, ¿cuánto cuesta el bus?

—Un euro.

—¡Me lo quedo!

10:

-A mí me gustaría vivir en una isla desierta.

—A mí también.

—¡Joder! ¡Ya empezamos a llenarla!

11:

—Mamá, ¿América está muy lejos?

—Calla y sigue nadando.

12:

—Mamá, el abuelo está malo.

—Pues apártalo y cómete solo las patatas.

13:

-Mamá, en el cole me llaman despistado.

—Niño, que esta no es tu casa.

14:

Una impresora le dijo a otra: ¿Esa hoja es tuya o es impresión mía?

15:

Hay 10 tipos de personas: los que saben binario y los que no.

16:

¿Qué le pasa al hierro cuando se oxida?

Se pone FeO

17:

—Pues entre pitos y flautas me he gastado diez mil euros.

—¿Y eso?

—Pues ya ves, cuatro mil en pitos y seis mil en flautas.

18:

El de la zapatilla

—¿Pero qué haces hablando con una zapatilla?

—Aquí pone "CONVERSE".

19:

—¿Cuánto cuesta alquilar un coche?

—Depende del tiempo.

—Vale, pongamos que llueve.

20:

¿Cómo queda un mago después de comer?

-Magordito.

21:

Un paciente entra en una consulta.

—¿Qué es lo que le ha traído por aquí? —le pregunta el médico.

—Una ambulancia, ¿por qué?

22

—No sé qué me pasa, doctor, pero en seguida pierdo los nervios y me pongo a insultar a todo el mundo.

—Está bien, cuéntemelo todo.

—¿Y qué cree que estoy haciendo, pedazo de imbécil?

23

—Parece que su tos está mejor.

—Sí, estuve practicando toda la noche.

24

Un señor va por el campo con su mula y su perro. La mula, muy cargada, no puede más y se para, hincando las rodillas en tierra, a punto de desplomarse. El hombre, cada vez más molesto e impaciente, comienza a azotar con una vara al pobre animal, hasta que la mula coge y le dice:

25

—Antonio, ¿así me tratas después de todos estos años en los que te he ayudado fielmente, sin flaquear ni una sola vez hasta hoy, que estoy ya cansada y mayor?

El hombre se asusta y sale corriendo con el perro a su lado. Se detienen casi medio kilómetro más lejos, apoyándose en un árbol mientras intentan recuperar el aliento.

—Joder —dice el perro—, menudo susto nos ha dado la mula cuando se ha puesto a hablar.

26

—¡Camarero! Este filete tiene muchos nervios.

—Normal, es que es la primera vez que se lo comen.

27

—Camarero, ponga una de calamares a la rumana, por favor.

—Será a la romana.

—Irina, cariño, dile al gilipollas este de dónde eres...

28

—Buenas, ¿me da una caja de ácido acetil salicílico, por favor?

—¿Aspirinas?

—Sí, eso, que nunca me acuerdo del nombre.

29

—Deme dos barras de pan, por favor. Y si tiene huevos, dos docenas.

Y le dio VEINTICUATRO BARRAS DE PAN.

30

—Espero que esta vez hayas estudiado para el examen.

—Por supuesto.

—Háblame del Tercer Reich.

—¿El de la mirra?

31

Un hombre llega a la consulta del psicólogo y dice:

—Doctor, tengo un gran complejo de superioridad.

—A ver, siéntese y le ayudaremos.

—¡Tú qué me vas a ayudar, doctorcillo de pacotilla!

32

—Hola, soy paraguayo y quiero pedirle la mano de su hija para casarme con ella.

—¿Para qué?

—Paraguayo.

33

El Titanic se está hundiendo y el capitán reúne a sus oficiales:

—¡Lancen al agua el último bote y vayan subiendo en orden!

—Pero mi capitán, todavía quedan mujeres en el barco.

—¡Sí, hombre! Para follar estoy yo ahora.

34

Un hombre entra a una tienda de animales y dice:

—¿Me da cien pollitos?

Al cabo de una semana vuelve y pide otros cien pollitos. Lo mismo a la semana siguiente. Hasta que el dueño le pregunta:

—Pero hombre, ¿qué hace usted con los pollos, que le vendo cien cada semana?

—Pues no sé si es que los planto mal o los riego poco, pero el caso es que se me mueren todos.

35

Un hombre entra en la consulta del médico con un pato pegado a la cabeza. El médico, sorprendido y asustado, exclama:

—¿¡Pero qué le ha pasado!?

—No sé —contesta el pato—, todo comenzó con un bulto en el pie.

36

— ¿Por qué las focas del circo miran siempre hacia arriba?

— Porque es donde están los focos.

37

— ¡Estás obsesionado con la comida!

— No sé a que te refieres croquetamente.

38

— ¿Por qué estás hablando con esas zapatillas?

— Porque pone "converse"

39

— ¿Sabes cómo se queda un mago después de comer?

— Magordito

40

— Me da un café con leche corto.

— Se me ha roto la máquina, cambio.

41

— Buenos días, me gustaría alquilar "Batman Forever".

— No es posible, tiene que devolverla tomorrow.

42

— ¿Qué le dice un techo a otro?

— Techo de menos.

43

— Buenos días, quería una camiseta de un personaje inspirador.

— ¿Ghandi?

— No, mediani.

44

— Hola, ¿está Agustín?

— No, estoy incomodín.

45

— ¿Cuál es la fruta más divertida?

— La naranja ja ja ja ja

46

— ¿Dónde cuelga Superman su supercapa?

— En superchero

47

— ¿Qué le dice una iguana a su hermana gemela?

— Somos iguanitas

48

— Buenos días. Busco trabajo.

— ¿Le interesa de jardinero?

— ¿Dejar dinero? ¡Si lo que busco es trabajo!

49

— Abuelo, ¿por qué estás delante del ordenador con los ojos cerrados?

— Es que Windows me ha dicho que cierre las pestañas.

50

— ¿Qué es un pez en un cine?

— Un mero espectador

51

— ¿Para qué van una caja al gimnasio?

— Para hacerse caja fuerte.

52

Esto es un hombre que entra en un bar de pinchos y dice:

— Ay, ay, ay, ay.

53

— ¿Por qué se suicidó el libro de matemáticas?

— Porque tenía muchos problemas.

54

— ¿Qué le dice un pingüino a una pingüina?

— ¡Cómo tú ningüina!

55

— ¿Qué le dice un huevo a una sartén?

Me tienes frito.

56

— Hola ¿Conchita?

— No, con Tarzán.

57

— ¿Qué le dice un espagueti a otro?

— ¡El cuerpo me pide salsa?

58— ¿Qué le dice un grano de arena a otro en el desierto?

— La hostia, que ambientazo!

59

—¿Qué le dice un árbol a otro?

— ¡Qué pasa tronco!

60

--Sí los zombies se deshacen con el paso del tiempo ¿zombiodegradables?

61

— ¿Cómo se llama el primo vegano de Bruce Lee?

— Broco Lee.

62

— ¿Qué son 50 físicos y 50 químicos juntos?

— Pues 100tificos.

63

— Hola, ¿tienen libros para el cansancio?

— Sí, pero están agotados.

64

— Soy celíaca.

— Encantado, yo Antoniaco.

65

— ¡Qué fortuna ha hecho Henry Ford con los coches"

— ¡Y su hermano Roque con los quesos!

66

— ¡Me acaba de picar una serpiente!

— ¿Cobra?

— ¡No, idiota, lo ha hecho gratis!

67

— ¿Qué hace un perro con un taladro?

— Taladrando.

68

— ¿Qué le dice una gallina deprimida a otra gallina deprimida?

— Necesitamos apoyo.

69

— ¿Qué le dice una barra de pan a otra?

— Te presento a una miga.

70

— ¿Sabes por qué no se puede discutir con un DJ?

— Porque siempre están cambiando de tema.

71

— ¿Por qué le dio un paro cardiaco a la impresora?

— Parece que tuvo una impresión muy fuerte.

72

— ¿Qué hace un mudo bailando?

— Una mudanza.

73

— ¿Por qué los adivinos no pueden tener hijos?

— Porque tienen las bolas de cristal.

74

— Hola muñeca.

— Hola tobillo.

75

— ¿Por qué el mar no se seca?

— Porque no tiene toalla.

76

— ¿De qué se quejan siempre los astronautas?

— De falta de espacio.

77

— ¿Qué hace una abeja en el gimnasio?

— Zumba

78

— Doctor, soy asmático, ¿es grave?

— No amigo, es esdrújula.

79

— Papá, dice mamá que estas obsesionado con el móvil.

— Cállate Alfonsiete.

80

— Doctor, tengo todo el cuerpo cubierto de pelo. ¿Qué padezco?

— Padece uzté un ozito.

81

— ¿Cuánto cuesta alquilar un coche?

— Depende del tiempo.

— Vale, pongamos que llueve.

82

Un hombre entra en un restaurante y el camarero le pregunta:

— ¿Vino blanco el señor?

— No ha sido al ver los precios.

83

Un paciente entra en una consulta.

— ¿Qué es lo que le ha traído por aquí? —le pregunta el médico.

— Una ambulancia, ¿por qué?

84

— ¿En qué se parece una suegra a un nubarrón?

— En que cuando se marchan se queda una buena tarde.

85

— Perdone, ¿Dónde está la sección de libros sobre el sentido del gusto?

— Lo siento, sobre gustos no hay nada escrito.

86

— Doctor, doctor me duele aquí.

— Pues póngase allí.

— Doctor doctor, me sigue doliendo.

— Doliendo, deja de seguir al chaval.

87

— ¿Sabes que le dice un .gif a un .jpg?

— ¡Anímate hombre!

88

Una familia ocupó un terreno en Hawaii.

Ahora a ver quién la desaloha.

89

— ¡Rápido, necesitamos sangre!

— Yo soy 0 positivo.

— Pues muy mal, necesitamos una mentalidad optimista.

90

— Andresito, ¿qué planeta va después de Marte?

— Miércole, profe.

91

— ¿Por qué Bob Esponja no va al gimnasio?

— Porque ya está cuadrado.

92

Van dos ciegos y le dice uno al otro:

— Ojalá lloviera.

— Ojalá yo también.

93

– Mamá, mamá, ¿me haces un bocata de jamón?

– ¿York?

– Sí, túrk.

94

— Qué es un pelo en una cama?

— El bello durmiente.

95

— Que hamster más bonito

— Si se llama Sam

— ¿Y dónde lo compraste?

— En Hamsterdam

96

— Señora, disculpe pero su vuelo se ha demorado.

— ¡Ay, que emoción, es mi color favorito!

97

– ¿Sabes? Hoy me he comprado una paloma que cuesta diez mil euros.

– ¿Mensajera?

– No no, no te exagero

98

— ¿Que le dice un chinche a otro chinche?

— Te voy a ser chinchero, yo te quiero

99

— ¿Qué le dice una morsa a otra morsa?

— ¿Almorsamos o qué?

100

— No sé si conseguiré enamorar a esa chica.

— ¿Tienes vacas y ovejas?

— Sí.

— Pues ya tienes mucho ganado.

101

— Ha cometido usted un crimen matemático.

— Pues, lo asumo.

— Pues, lo arresto.

102

— ¿Por qué los patos no tienen amigos?

— Porque son muy antipáticos

103

— Ramón, si supieras que voy a morir mañana, ¿qué me dirías hoy?

— ¿Me prestas 1000 euros, y mañana te los devuelvo?

104

En la Farmacia:

— ¿Tienen pastillas para el cansancio?

— Están agotadas

105

— ¿Cómo se despiden los químicos?

— Ácido un placer

106

— Me han dado planton

— ¿Coómo a las ballenas?

107

— Mi vecino es músico.

— ¿Y qué toca?

— Los huevos.

108

— ¿Qué le dice un pato a otro pato que estaban compitiendo en una carrera?

— Hemos empatado.

109

— ¿Qué hacen dos vascos encima de una nube?

— Chubascos.

110

— ¡Soldado Miralles!

— ¡Sí, mi capitán!

— No lo vi ayer en la prueba de camuflaje.

— ¡Gracias, mi capitán!

111

— ¿Cuánto cuesta esta estufa?

— 5.000 dólares.

— Pero, oiga, ¡esto es una estafa!

— No, señor, esto es una estufa.

112

— ¿Qué hace un piojo en la cabeza de un calvo?

— ¡Desintoxicación!

113

— Martínez, queda usted despedido.

— Pero, si yo no he hecho nada.

— Por eso, por eso.

114

— Un placer venir a su mutua.

— Es mutuo.

— Un placer venir a su mutuo.

115

— ¿Qué le dice un 2 a un 0?

— Veinte conmigo guapetón.

116

El capitán dijo:

— ¡Abordar el barco!

Y el barco quedó precioso.

117

— Doctor, doctor, ¿qué puedo hacer para que me hijo no se mee en la cama?

— Qué duerma en el baño.

118

— ¿Hola, es la carnicería?

— No, es la zapatería.

— Disculpe, me he equivocado de número.

— No importa, tráigalos, se los cambiamos.

119

— ¿Oiga tiene trajes de camuflaje?

— Tenerlos si los tengo ¿sabe?, pero llevo un mes buscándolos.

120

Va uno al oculista y le dice:

— Doctor, se me juntan las letras.

— Pues páguelas, hombre, páguelas.

121

— Un borracho está en una jaula del zoo cantándole una nana a la gorila.

— ¿Qué demonios hace usted ahí?

— Le pregunta el guarda.

— Pues ya lo ve, durmiendo la mona.

122

—Estoy a FAVOR de la libertad de expresión.

—Y yo.

—Tú te callas.

123

— Soy experto en jeroglíficos.

— Pues échale un vistazo al mío, que no enfría bien.

124

— Jesús, ¿qué tal la última cena? ¿Salió cara?

— Qué va, salió cruz.

125

— ¿Qué te ha pasado?

— Nada que me quemé.

— ¿Qué te, que té?

126

Un muerto a otro:

—Déjame dinero, tío.

—No puedo, estoy tieso.

127

— Hola guapa, ¿cómo te llamas?

— Maria de Los Angeles, ¿y tu?

— Pedro, de New York.

128

— Era un tío que cada 2x3 = 6

129

— ¿Cuál es el país que primero ríe y después explota?

— Ja- PON!

130

—¿Qué hace Drácula en una huerta?

— Sembrar el pánico.

Espero que después de esta recopilación de chistes sigas con
ganas de vivir…

www.ingramcontent.com/pod-product-compliance
Lightning Source LLC
Chambersburg PA
CBHW071500150726
48000CB00006B/2652